Accion del Precio

Madelyn Price

Madelyn Price

Página de Derechos de Autor

Indice

Introducción a la Acción del Precio

La acción del precio es, en esencia, el análisis del movimiento de los precios en el mercado, sin la necesidad de depender de indicadores o herramientas técnicas adicionales. En su forma más pura, se trata de observar cómo se comporta el precio a lo largo del tiempo, cómo sube y baja, cómo se detiene y cómo acelera. Esta información, cuando se comprende correctamente, puede ofrecer una visión clara de lo que está ocurriendo en el mercado y de lo que podría suceder a continuación. La acción del precio es como aprender un nuevo lenguaje, pero en lugar de palabras y oraciones, estás interpretando gráficos y velas.

Para entender la acción del precio, lo primero que hay que reconocer es que los mercados financieros son impulsados por dos emociones fundamentales: el miedo y la avaricia. Cuando el precio sube, los compradores están mostrando su optimismo sobre el futuro de un activo; cuando el precio baja, los vendedores están demostrando su temor de que las cosas puedan ir a peor. La acción del precio refleja estos sentimientos humanos en forma de gráficos. Los traders que logran comprender y leer esos gráficos están, de alguna manera, entrando en la mente colectiva del mercado. Están viendo las decisiones de miles o incluso millones de participantes del mercado expresadas en un gráfico.

No se trata solo de mirar velas verdes y rojas en un gráfico. Cada una de esas velas cuenta una historia sobre la interacción entre compradores y vendedores. Cuando aprendes a interpretar esas historias, puedes tomar decisiones informadas sin la necesidad de complicarte con indicadores que, en muchas ocasiones, terminan sobrecargando tu análisis. La acción del precio te devuelve a lo básico: el precio es el indicador más importante. Este enfoque es tan antiguo como el propio mercado, y ha sido utilizado por traders durante décadas, si no siglos, para ganar ventaja en sus operaciones.

Imagina que estás viendo el mercado como un campo de batalla. Los compradores y vendedores están en constante lucha por el control, y la acción del precio te muestra quién está ganando esa batalla en cada momento. Las grandes subidas pueden mostrar que los compradores están tomando el control, mientras que las caídas abruptas indican que los vendedores están en el poder. Sin embargo, hay momentos en que el mercado se toma un respiro. El precio puede moverse de lado, sin mostrar un ganador claro. Este es el momento en el que los traders pacientes saben que algo está a punto de suceder.

Lo fascinante de la acción del precio es que no necesitas tener una gran cantidad de herramientas o indicadores para tener éxito. De hecho, muchos traders experimentados optan por deshacerse de todos los indicadores y simplemente observar los gráficos de precios en su forma más pura. Al eliminar el ruido, puedes enfocarte mejor en lo que realmente importa: el comportamiento del precio. Esto no significa que la acción del precio sea fácil, pero sí es un enfoque más directo y honesto. Es un análisis en su forma más básica, sin distracciones.

Hay algo realmente liberador en aprender a leer el precio de esta manera. Muchos traders novatos se sienten abrumados por la cantidad de indicadores que hay disponibles: medias móviles, RSI, MACD, entre muchos otros. Estos indicadores pueden ser útiles en algunos casos, pero la realidad es que todos están basados en el precio. En lugar de confiar en una versión atrasada de la información, como hacen los indicadores, la acción del precio te muestra lo que está sucediendo en el momento. No necesitas esperar a que un indicador te diga que el precio ha subido cuando puedes verlo directamente en el gráfico.

Es importante tener en cuenta que la acción del precio no es una fórmula mágica que te dirá con certeza hacia dónde se moverá el mercado. Lo que hace es darte una idea clara del contexto del mercado, de quién está ganando y perdiendo en ese momento. Al observar patrones en el gráfico, como velas individuales o series de ellas, puedes comenzar a ver las señales de posibles cambios de dirección o continuaciones en la tendencia actual. Todo esto se basa en la pura observación de cómo el precio ha actuado en el pasado y cómo es probable que actúe en el futuro.

La acción del precio es aplicable en cualquier mercado: desde acciones hasta divisas, criptomonedas o futuros. No importa lo que estés operando, el precio sigue siendo el precio. Aprender a leerlo de manera efectiva puede darte una ventaja sobre aquellos traders que dependen únicamente de indicadores complejos. Los grandes movimientos en el mercado pueden parecer aleatorios al principio, pero una vez que comienzas a interpretar la acción del precio, se vuelven mucho más comprensibles.

Dominar la acción del precio lleva tiempo y práctica. Requiere que observes detenidamente los gráficos y, lo más importante, que confíes en lo que ves. Muchas veces, los traders nuevos sienten la tentación de agregar más indicadores para confirmar sus decisiones. Sin embargo, los traders que se centran en la acción del precio aprenden a confiar en sus ojos y en su capacidad para interpretar el gráfico. No se trata de perfección, sino de mejorar constantemente tu habilidad para leer el mercado en su forma más pura.

En resumen, la acción del precio es una herramienta poderosa y directa que te permite comprender el mercado a través del propio movimiento del precio. No necesitas complicar tu análisis con indicadores sobrecargados o estrategias complejas. Al enfocarte en la acción del precio, estás aprendiendo a leer la verdadera historia que el mercado está contando en tiempo real. Aunque pueda parecer un enfoque simple, es uno que ha resistido la prueba del tiempo y sigue siendo utilizado por traders de todo el mundo con gran éxito.

Comprender los Gráficos de Velas Japonesas

Los gráficos de velas japonesas son una de las herramientas más populares y efectivas para entender la acción del precio en el mercado. A primera vista, pueden parecer confusos o llenos de detalles que no tienen sentido, pero una vez que comprendes cómo funcionan, se vuelven una forma clara y visual de leer lo que está sucediendo con el precio. Cada vela en un gráfico representa un período de tiempo específico, y dentro de ese tiempo, muestra la historia completa de lo que sucedió con el precio: desde el nivel más alto alcanzado hasta el más bajo, así como el precio de apertura y de cierre.

Para descomponer una vela japonesa en partes, lo primero que debes observar es el cuerpo. El cuerpo es la parte central de la vela, y su color (generalmente verde o rojo) te dice si el precio subió o bajó durante ese período. Si la vela es verde, significa que el precio cerró más alto de lo que abrió, lo que indica que los compradores estuvieron en control. Si la vela es roja, significa que el precio cerró más bajo de lo que abrió, lo que sugiere que los vendedores tuvieron la ventaja. Este simple detalle ya te da una visión rápida de quién dominó el mercado durante ese tiempo.

Además del cuerpo, las velas tienen lo que se conoce como "mechas" o "sombras", que son esas líneas delgadas que salen desde la parte superior o inferior del cuerpo de la vela. La mecha superior muestra el precio más alto que se alcanzó durante ese período, mientras que la mecha inferior representa el precio más bajo. Las mechas pueden darte pistas importantes sobre lo que está ocurriendo detrás de escena en el mercado. Por ejemplo, si una vela tiene una mecha superior larga, significa que el precio subió mucho durante ese período, pero no pudo mantenerse ahí y terminó bajando antes de que la vela cerrara. Esto puede ser una señal de que los vendedores empezaron a tomar control después de un breve empuje alcista.

Una de las razones por las que los gráficos de velas japonesas son tan útiles es porque pueden mostrar emociones del mercado de manera visual. Cuando una vela tiene un cuerpo grande y sólido, ya sea verde o rojo, indica que hubo una fuerte decisión de los participantes del mercado. En una vela verde grande, los compradores ganaron de manera clara, mientras que en una vela roja grande, los vendedores dominaron sin mucha resistencia. Por otro lado, si una vela tiene un cuerpo pequeño, eso puede indicar indecisión. Ni los compradores ni los vendedores lograron tener un control significativo durante ese período.

Hay ciertos patrones en las velas japonesas que los traders han aprendido a reconocer y que pueden dar pistas sobre lo que podría suceder a continuación en el mercado. Uno de los patrones más básicos es la "doji", una vela que tiene un cuerpo extremadamente pequeño, lo que indica que el precio de apertura y el precio de cierre estuvieron casi al mismo nivel. Una vela doji sugiere indecisión en el mercado. Los compradores y los vendedores lucharon, pero al final ninguno ganó de manera clara. Cuando ves una doji después de una tendencia fuerte, puede ser una señal de que el impulso se está debilitando y podría haber un cambio de dirección pronto.

Otro patrón común es el de las velas "martillo" y "hombre colgado", que son velas con cuerpos pequeños y mechas largas, ya sea en la parte superior o inferior. El martillo tiene una mecha larga hacia abajo y un cuerpo pequeño en la parte superior, lo que indica que el precio bajó mucho durante el período, pero los compradores lograron empujarlo de nuevo hacia arriba antes de que la vela cerrara. Esto puede ser una señal de que los compradores están comenzando a ganar fuerza después de un período de ventas. El hombre colgado, por el contrario, tiene una mecha larga hacia arriba y un cuerpo pequeño en la parte inferior, lo que sugiere que, aunque los compradores intentaron impulsar el precio hacia arriba, los vendedores lograron empujarlo de nuevo hacia abajo antes del cierre. Esto puede ser una señal de que el mercado está perdiendo impulso alcista.

Uno de los grandes beneficios de los gráficos de velas japonesas es que te permiten ver patrones de varias velas, lo que te da una idea más completa de lo que está ocurriendo. Por ejemplo, el patrón de "envolvente alcista" ocurre cuando una vela verde grande envuelve completamente a una vela roja anterior más pequeña. Esto puede ser una señal de que los compradores han tomado el control después de un período de ventas. Del mismo modo, el patrón de "envolvente bajista" es lo contrario: una vela roja grande que envuelve a una vela verde más pequeña, lo que sugiere que los vendedores han ganado terreno y podrían estar listos para empujar el precio hacia abajo.

El uso de gráficos de velas japonesas no se limita solo a patrones individuales. También es fundamental observar la relación entre las velas dentro del contexto general del mercado. A veces, una vela que podría parecer significativa por sí sola no es tan importante cuando la colocas en el panorama completo. Por ejemplo, si estás viendo un mercado en tendencia alcista fuerte y aparece una vela roja, puede no ser una señal de alarma por sí misma, ya que puede ser simplemente una pequeña corrección dentro de una tendencia más amplia. Pero si ves varias velas rojas seguidas, o si aparecen ciertos patrones clave como una envolvente bajista, eso puede indicar que el impulso está cambiando.

Otro aspecto a tener en cuenta al usar gráficos de velas japonesas es que funcionan en cualquier marco de tiempo. Ya sea que estés operando en gráficos de 1 minuto, 5 minutos, diarios o incluso semanales, las velas japonesas te mostrarán la misma información esencial. Esto hace que esta herramienta sea extremadamente versátil, ya que puedes adaptarla a cualquier estilo de trading que prefieras. Tanto los traders intradía como los swing traders o incluso los inversores a largo plazo pueden beneficiarse de comprender cómo leer y analizar las velas.

En resumen, los gráficos de velas japonesas son una herramienta poderosa para interpretar la acción del precio de manera clara y directa. A través de la forma de las velas, los colores, los cuerpos y las mechas, puedes aprender a leer lo que el mercado está haciendo y, más importante aún, lo que podría hacer a continuación. Ya sea observando una sola vela o buscando patrones más complejos, las velas japonesas ofrecen una visión única del comportamiento del precio, brindándote la información que necesitas para tomar decisiones informadas en tus operaciones. Aunque al principio puede parecer abrumador, con la práctica, aprenderás a leer estos gráficos como si estuvieras leyendo un libro lleno de historias sobre el comportamiento del mercado.

Identificación de Zonas Clave

La identificación de zonas clave es uno de los pilares fundamentales en el análisis de la acción del precio. Estas zonas clave son lugares en el gráfico donde el precio tiende a reaccionar de manera significativa. En la mayoría de los casos, estas áreas corresponden a niveles de soporte y resistencia, que actúan como barreras que el precio encuentra a lo largo de su camino. Para los traders, entender dónde se encuentran estos niveles es crucial, ya que es en estas zonas donde suelen ocurrir las decisiones más importantes, tanto para entrar como para salir de una operación.

El soporte es una zona en el gráfico donde el precio tiende a detenerse al bajar. Básicamente, es un nivel en el que los compradores comienzan a intervenir con fuerza, evitando que el precio siga cayendo. Piensa en el soporte como si fuera el piso de un cuarto: cuando una pelota cae, inevitablemente se detiene en el piso y, en muchos casos, rebota hacia arriba. En un mercado, esta "pelota" es el precio, y el soporte es ese lugar donde los compradores deciden que el precio ha caído lo suficiente y comienzan a comprar, haciendo que el precio vuelva a subir. Identificar estos niveles te puede ayudar a encontrar buenos puntos de compra, ya que es en estos lugares donde la demanda suele superar a la oferta.

Por otro lado, la resistencia es el opuesto del soporte. La resistencia es un nivel donde el precio tiende a detenerse cuando sube. Imagina que es el techo de una habitación: cuando la pelota es lanzada hacia arriba, eventualmente chocará con el techo y rebotará hacia abajo. En el caso del mercado, este "techo" es la resistencia, donde los vendedores empiezan a actuar, convencidos de que el precio ya ha subido lo suficiente y ahora es momento de vender. Cuando el precio alcanza esta zona, es común ver que el mercado se detiene, y a menudo comienza una caída, ya que la oferta supera a la demanda.

Lo interesante de las zonas clave de soporte y resistencia es que no son puntos exactos en el gráfico, sino áreas. Esto significa que, en lugar de esperar que el precio toque un nivel exacto y luego retroceda, deberías pensar en ellas como zonas donde el precio tiene una mayor probabilidad de reaccionar. Esta flexibilidad es importante porque el mercado rara vez es tan preciso. A veces el precio puede acercarse mucho a un nivel de soporte o resistencia y luego revertirse antes de tocarlo, o a veces puede traspasar ese nivel brevemente antes de volver atrás. Por eso, es fundamental entender que estas son áreas de importancia y no líneas perfectas.

Para identificar correctamente las zonas clave, el primer paso es observar los máximos y mínimos anteriores en el gráfico. Si el precio ha tocado una cierta zona varias veces en el pasado y ha retrocedido cada vez que lo ha hecho, esa zona tiene una alta probabilidad de ser un soporte o una resistencia fuerte. Esto se debe a que estos niveles representan lugares donde el mercado ha mostrado un interés significativo en frenar o cambiar de dirección. Por ejemplo, si un activo ha tocado una misma área de precio tres o cuatro veces y cada vez que lo hace, el precio rebota hacia arriba, entonces puedes estar seguro de que ese es un nivel importante de soporte.

Un concepto clave es que el soporte y la resistencia pueden intercambiar roles. Esto sucede cuando el precio rompe un nivel de soporte o resistencia y luego vuelve a testearlo desde el otro lado. Por ejemplo, si el precio rompe por debajo de un soporte, ese soporte puede convertirse en resistencia en el futuro. De la misma manera, si el precio rompe por encima de una resistencia, esa resistencia podría actuar como soporte en el futuro. Este fenómeno es conocido como "cambio de polaridad", y es una herramienta valiosa para los traders, ya que ofrece oportunidades adicionales para entrar o salir del mercado en lugares donde anteriormente había barreras importantes.

Otro aspecto a tener en cuenta es que no todos los soportes y resistencias tienen la misma fuerza. Algunos son más significativos que otros, y la clave para un buen análisis es aprender a distinguir entre ellos. Generalmente, los niveles que han sido tocados muchas veces son más fuertes que aquellos que solo han sido tocados una o dos veces. Además, los niveles que han resistido movimientos muy grandes o fuertes del precio tienden a ser más sólidos. Cuantas más veces el precio haya rebotado en una zona clave, mayor será la probabilidad de que esa zona sea importante en el futuro.

Para identificar zonas clave, no es necesario utilizar indicadores complicados. Puedes hacerlo simplemente observando el gráfico en su forma más básica. Los traders experimentados a menudo pueden detectar soportes y resistencias simplemente observando el comportamiento del precio. Sin embargo, si prefieres un enfoque más visual, hay herramientas en las plataformas de trading que te permiten dibujar líneas horizontales en los niveles donde el precio ha mostrado reacciones importantes. Estas líneas pueden actuar como recordatorios de los niveles a tener en cuenta mientras analizas el mercado.

Algo fascinante de las zonas clave es que se aplican en todos los marcos de tiempo. No importa si estás operando en gráficos de 1 minuto, 15 minutos, diarios o semanales, los niveles de soporte y resistencia siguen siendo relevantes. En marcos de tiempo más cortos, puedes identificar zonas clave para realizar operaciones rápidas, mientras que en marcos de tiempo más largos, esas mismas zonas clave pueden ayudarte a establecer puntos de referencia para tendencias a largo plazo. Esto hace que el análisis de zonas clave sea extremadamente versátil y útil para cualquier tipo de trader.

Una vez que has identificado las zonas clave, el siguiente paso es utilizarlas para tomar decisiones de trading. Por ejemplo, si el precio se acerca a una zona de soporte, puedes considerar realizar una compra con la expectativa de que el precio rebotará desde esa zona. Por otro lado, si el precio se acerca a una resistencia, puedes considerar vender o al menos estar preparado para una posible reversión. También puedes utilizar estas zonas para colocar tus stop-loss y take-profit de manera más efectiva. Por ejemplo, si compras en una zona de soporte, podrías colocar tu stop-loss justo por debajo de esa zona en caso de que el precio la rompa.

En resumen, la identificación de zonas clave es una habilidad esencial para cualquier trader que desee operar basándose en la acción del precio. Soportes y resistencias te brindan puntos de referencia importantes donde el precio tiene una mayor probabilidad de detenerse o cambiar de dirección. Al aprender a identificar estas zonas y utilizarlas en tus estrategias de trading, estarás mejor preparado para tomar decisiones informadas y gestionar el riesgo de manera efectiva. Aunque pueda parecer simple, dominar la identificación de zonas clave puede marcar una gran diferencia en tu capacidad para leer el mercado y encontrar oportunidades rentables.

Lectura de la Dirección del Mercado

La lectura de la dirección del mercado es una habilidad esencial que todo trader necesita desarrollar. Entender hacia dónde se dirige el mercado es fundamental para tomar decisiones acertadas y, en última instancia, para ser rentable en tus operaciones. A menudo, las personas se sienten abrumadas por la cantidad de información que reciben al observar un gráfico: velas, movimientos bruscos, retrocesos. Pero lo cierto es que leer la dirección del mercado se basa en conceptos simples. El mercado puede moverse en una de tres direcciones: hacia arriba, hacia abajo o de lado. Aprender a identificar estas direcciones te ayudará a navegar con mayor confianza por el mercado.

Cuando el mercado se mueve hacia arriba, estamos hablando de una tendencia alcista. En una tendencia alcista, los precios suben de manera consistente, creando una serie de máximos más altos y mínimos más altos. Esto significa que cada vez que el precio retrocede, no baja tanto como lo hizo en el retroceso anterior, y cada vez que sube, alcanza un nuevo máximo. Esta estructura es clave para identificar una dirección alcista. En otras palabras, el mercado muestra una clara intención de subir, y los compradores son los que están controlando la situación. En una tendencia alcista, suele ser una buena idea buscar oportunidades de compra, ya que la probabilidad de que el precio siga subiendo es mayor.

Por el contrario, cuando el mercado se mueve hacia abajo, se trata de una tendencia bajista. En una tendencia bajista, el precio está cayendo de manera constante, creando una serie de máximos más bajos y mínimos más bajos. Aquí, los vendedores son los que tienen el control, y el mercado muestra una inclinación hacia la baja. Cada vez que el precio intenta recuperarse, no alcanza el nivel que tenía antes, y cuando vuelve a caer, establece un nuevo mínimo. Esta es una señal clara de que el impulso está a favor de los vendedores. En una tendencia bajista, es probable que la mejor estrategia sea buscar oportunidades de venta o evitar las compras hasta que el mercado muestre señales de cambio.

La tercera dirección que el mercado puede tomar es lateral, lo que significa que el precio se está moviendo en un rango sin una dirección clara. Esto es lo que se conoce como un mercado en rango o consolidación. En este caso, el precio no está haciendo máximos más altos ni mínimos más bajos de manera consistente. En cambio, está oscilando entre un nivel de soporte y un nivel de resistencia, como si estuviera atrapado en una caja. Durante una consolidación, no hay un ganador claro entre compradores y vendedores. El mercado está esperando que ocurra algo para decidir en qué dirección continuar. Aunque este tipo de movimiento puede ser frustrante para algunos traders, también puede ofrecer oportunidades para aquellos que saben aprovechar las rupturas cuando el mercado finalmente elige una dirección.

La clave para leer la dirección del mercado es entender estos tres movimientos y ser capaz de identificar cuál está ocurriendo en un momento dado. Para hacerlo, no necesitas un montón de indicadores ni herramientas complicadas. Todo lo que necesitas es observar el gráfico y enfocarte en la estructura del precio. Al prestar atención a los máximos y mínimos que el mercado está formando, puedes comenzar a reconocer el patrón de una tendencia alcista, bajista o un movimiento lateral.

Es importante mencionar que el mercado no siempre se mueve en línea recta. Incluso en una tendencia alcista, habrá retrocesos, que son pequeños movimientos hacia abajo dentro de un movimiento más grande hacia arriba. De igual manera, en una tendencia bajista, es normal ver pequeños repuntes en el precio antes de que vuelva a caer. Estos retrocesos son una parte natural del mercado y no significan que la tendencia haya cambiado. Los retrocesos pueden ser oportunidades para entrar en la dirección de la tendencia general, ya que a menudo permiten obtener un mejor precio antes de que el mercado continúe en la misma dirección.

Otra herramienta que puede ser útil para leer la dirección del mercado es identificar los puntos de ruptura o "breakouts". Los breakouts ocurren cuando el precio rompe un nivel clave de soporte o resistencia, y a menudo indican un cambio en la dirección o la continuación de una tendencia existente. Si el mercado ha estado consolidándose durante un tiempo y luego rompe por encima de la resistencia, eso podría ser una señal de que los compradores están tomando el control y que el precio podría comenzar a subir. Del mismo modo, si el mercado rompe por debajo del soporte en una tendencia bajista, eso podría indicar que los vendedores están listos para empujar el precio aún más hacia abajo.

Un error común que cometen muchos traders principiantes es intentar adivinar el tope o el fondo del mercado, es decir, tratar de predecir cuándo una tendencia alcista va a revertirse y comenzar a bajar o cuándo una tendencia bajista va a cambiar y comenzar a subir. Este tipo de operativa es arriesgada porque las tendencias pueden durar mucho más de lo que uno espera. En lugar de tratar de atrapar el giro perfecto, lo más efectivo es seguir la dirección que ya se está desarrollando. Si el mercado está subiendo, es más prudente buscar oportunidades de compra. Si el mercado está bajando, tiene más sentido buscar oportunidades de venta.

Algo que también debes tener en cuenta es que el mercado puede cambiar de dirección en cualquier momento, por lo que es importante estar siempre atento a las señales que indican que el mercado está perdiendo fuerza en una dirección y podría estar listo para girar. Las señales de agotamiento, como un debilitamiento en los máximos o mínimos, o un patrón de velas como el "martillo" o "hombre colgado", pueden sugerir que la tendencia está perdiendo impulso y que podrías ver un cambio en la dirección pronto. Estas señales no son infalibles, pero pueden darte una idea de que es momento de estar alerta.

Además, la dirección del mercado puede variar dependiendo del marco de tiempo que estés utilizando. Es posible que veas una tendencia alcista en un gráfico diario, pero al mirar un gráfico de 1 hora, podrías ver una consolidación o incluso una tendencia bajista. Por eso es importante tener en cuenta el contexto general y no enfocarte únicamente en un marco de tiempo específico. Al observar varios marcos de tiempo, puedes tener una visión más clara de lo que está ocurriendo en el mercado y tomar decisiones más informadas.

En resumen, leer la dirección del mercado no tiene por qué ser complicado. Se trata de identificar si el precio está subiendo, bajando o moviéndose de lado. Al observar la estructura de los máximos y mínimos, puedes comenzar a reconocer patrones que indican la dirección predominante. Ya sea que estés operando en una tendencia alcista, bajista o en un mercado en rango, lo importante es adaptarte a la situación y tomar decisiones basadas en lo que el mercado te está mostrando. Con práctica, esta habilidad se volverá una parte fundamental de tu estrategia de trading y te permitirá navegar el mercado con mayor confianza.

Patrones de Reversión y Continuación

Los patrones de reversión y continuación son herramientas fundamentales en el análisis de la acción del precio. Estos patrones nos ayudan a interpretar lo que el mercado está haciendo y predecir lo que podría suceder a continuación. Saber reconocerlos puede marcar una gran diferencia a la hora de tomar decisiones de trading, ya que indican si una tendencia está por revertirse o si es probable que continúe. Aunque al principio puede parecer complicado, aprender a identificar estos patrones es una habilidad que cualquier trader puede desarrollar con práctica y observación.

Comencemos hablando de los patrones de reversión. Como su nombre lo indica, estos patrones señalan que la tendencia actual del mercado está perdiendo fuerza y que, en su lugar, podría comenzar una nueva tendencia en la dirección opuesta. Estos patrones son particularmente útiles porque te permiten adelantarte a los cambios de tendencia, lo que te da la oportunidad de entrar al mercado en un buen momento antes de que comience una nueva dirección. Algunos de los patrones de reversión más conocidos son el doble techo, el doble suelo, el hombro-cabeza-hombro, y su versión invertida.

El patrón de doble techo ocurre en una tendencia alcista cuando el precio sube hasta un nivel, retrocede y luego vuelve a subir hasta el mismo nivel sin poder superarlo. En ese momento, el precio comienza a caer, lo que sugiere que los compradores han perdido fuerza y que los vendedores están tomando el control. Imagina esto como un corredor que intenta saltar una valla alta: se acerca, lo intenta una vez, pero no lo logra. Vuelve a intentarlo, pero nuevamente falla, y finalmente se rinde y retrocede. En el mercado, esto significa que el precio probablemente va a caer, y este patrón de doble techo suele ser una señal clara de una reversión de tendencia de alcista a bajista.

Por el contrario, el patrón de doble suelo ocurre en una tendencia bajista. El precio cae hasta un nivel, rebota hacia arriba, pero luego vuelve a caer hasta el mismo nivel sin poder romperlo. Al no poder romper ese nivel de soporte, el precio comienza a subir nuevamente. Este patrón es una señal de que los vendedores están perdiendo fuerza y que los compradores podrían tomar el control, lo que lleva a una posible reversión alcista. Es como si el precio encontrara un "piso" sólido en ese nivel y no puede seguir bajando, lo que indica que es probable que veamos una subida en el futuro cercano.

Otro patrón de reversión muy común es el hombro-cabeza-hombro, que aparece al final de una tendencia alcista. Este patrón se forma cuando el precio sube y alcanza un máximo (hombro izquierdo), luego retrocede un poco, vuelve a subir y alcanza un máximo más alto (cabeza), para luego caer nuevamente, y finalmente subir una vez más pero sin poder superar el primer máximo (hombro derecho). Este patrón indica que el impulso alcista se está agotando y que la tendencia podría revertirse hacia una bajista. El hombro-cabeza-hombro es uno de los patrones de reversión más confiables, ya que suele anticipar cambios significativos en el mercado.

El hombro-cabeza-hombro invertido es la versión contraria y ocurre en una tendencia bajista. Aquí, el precio hace un mínimo (hombro izquierdo), rebota, cae a un mínimo más bajo (cabeza), vuelve a rebotar, y luego cae una vez más pero no logra hacer un nuevo mínimo (hombro derecho). Este patrón sugiere que los vendedores están perdiendo fuerza y que los compradores podrían estar listos para tomar el control, indicando una posible reversión alcista. Al igual que el hombro-cabeza-hombro, esta versión invertida es muy útil para identificar cambios en la tendencia.

Ahora hablemos de los patrones de continuación, que son igualmente importantes. Mientras que los patrones de reversión te indican que la tendencia actual podría cambiar, los patrones de continuación te sugieren que la tendencia actual es fuerte y es probable que continúe. Estos patrones son valiosos porque te permiten encontrar momentos en los que es seguro unirte a una tendencia ya establecida, lo cual es una estrategia clave en el trading. Algunos de los patrones de continuación más comunes incluyen los triángulos, banderas y rectángulos.

Uno de los patrones de continuación más conocidos es el triángulo. Hay tres tipos principales de triángulos: simétrico, ascendente y descendente. El triángulo simétrico ocurre cuando el precio se mueve en un rango que se estrecha, formando una especie de triángulo en el gráfico. Esto significa que tanto compradores como vendedores están perdiendo fuerza, pero ninguno de los dos ha ganado el control total. Eventualmente, el precio romperá este triángulo, y es probable que continúe en la dirección de la tendencia previa. Este patrón es útil porque sugiere que el mercado está en una pausa temporal antes de seguir con su movimiento original.

El triángulo ascendente ocurre en una tendencia alcista. En este patrón, el precio forma una serie de máximos iguales en la parte superior y mínimos ascendentes en la parte inferior, lo que indica que los compradores están presionando el precio hacia arriba, pero los vendedores están tratando de mantenerlo dentro de un rango. Finalmente, el precio rompe la resistencia en la parte superior y la tendencia alcista continúa. Este patrón es una señal clara de que los compradores están ganando fuerza y de que es probable que el precio siga subiendo.

Por otro lado, el triángulo descendente es la versión opuesta. Se forma en una tendencia bajista, con una serie de mínimos iguales en la parte inferior y máximos descendentes en la parte superior. Aquí, los vendedores están presionando el precio hacia abajo, mientras que los compradores intentan mantener el precio dentro de un rango. Sin embargo, los vendedores generalmente ganan esta batalla, y el precio rompe el soporte en la parte inferior para continuar su tendencia bajista.

Otro patrón de continuación muy útil es la bandera. Las banderas son pequeñas correcciones en el precio que ocurren dentro de una tendencia fuerte. Imagina que el precio ha estado subiendo rápidamente y luego hace una pausa, moviéndose de manera lateral o ligeramente hacia abajo antes de reanudar su subida. Este movimiento de corrección, que se parece a una bandera ondeando en un mástil, es lo que se conoce como una bandera. Las banderas indican que el mercado simplemente está tomando un respiro antes de continuar en la misma dirección. Al identificar una bandera, puedes aprovechar la oportunidad de entrar en la tendencia justo cuando el mercado esté listo para continuar.

Finalmente, tenemos el patrón de rectángulo, que también es un patrón de continuación. El rectángulo se forma cuando el precio se mueve dentro de un rango definido por un soporte y una resistencia horizontal. A medida que el precio oscila entre estos niveles, parece que está "atrapado" en un canal. Sin embargo, este patrón suele aparecer durante una pausa en una tendencia y, eventualmente, el precio rompe fuera del rectángulo en la dirección de la tendencia previa. El patrón de rectángulo es una señal de que el mercado está consolidando antes de continuar con su movimiento anterior.

Es importante recordar que ningún patrón es infalible. Si bien los patrones de reversión y continuación pueden darte una buena idea de lo que podría suceder, siempre es recomendable combinarlos con otras herramientas y señales para confirmar tu análisis. A veces, el mercado puede actuar de manera inesperada y romper un patrón, y eso es algo que todo trader debe estar preparado para manejar. Sin embargo, dominar el arte de reconocer estos patrones puede brindarte una ventaja significativa en tu análisis del mercado.

En resumen, los patrones de reversión y continuación son herramientas poderosas para cualquier trader que quiera basar sus decisiones en la acción del precio. Los patrones de reversión te ayudan a detectar cuándo una tendencia está perdiendo fuerza y es probable que cambie de dirección, mientras que los patrones de continuación te indican que la tendencia actual es fuerte y es probable que siga. Al aprender a identificar estos patrones, no solo mejorarás tu capacidad para leer el mercado, sino que también podrás tomar decisiones más informadas y aprovechar oportunidades de trading más rentables. Con el tiempo y la práctica, estos patrones se convertirán en una parte fundamental de tu estrategia de trading.

Lectura de Volatilidad y Rangos de Operación

La lectura de la volatilidad y los rangos de operación es una parte clave del análisis de la acción del precio, ya que te ayuda a entender cómo se está moviendo el mercado y qué tan rápido están ocurriendo esos movimientos. La volatilidad, en términos simples, se refiere a cuánto cambia el precio en un período de tiempo determinado. Cuando el mercado es volátil, significa que el precio está subiendo y bajando rápidamente, mientras que en un mercado con baja volatilidad, los movimientos del precio son más lentos y pequeños. Comprender la volatilidad es esencial porque puede influir directamente en tus decisiones de trading. Si el mercado está muy volátil, podrías esperar movimientos más grandes y rápidos, lo que puede ofrecer oportunidades, pero también conlleva mayores riesgos. Por otro lado, en un mercado con baja volatilidad, los movimientos suelen ser más predecibles, aunque las oportunidades pueden ser menos emocionantes.

Una de las primeras cosas que necesitas entender sobre la volatilidad es que no siempre se mantiene igual. A veces, el mercado se encuentra en lo que podríamos llamar una fase tranquila, donde el precio apenas se mueve. Otras veces, parece estar en una montaña rusa, con subidas y bajadas pronunciadas. La volatilidad tiende a ser cíclica: períodos de baja volatilidad suelen ser seguidos por períodos de alta volatilidad, y viceversa. Esto ocurre porque el mercado pasa por fases de consolidación y expansión. Durante las fases de consolidación, el precio se mueve dentro de un rango estrecho, y la volatilidad es baja. En las fases de expansión, el precio rompe ese rango y comienza a moverse con mayor velocidad, lo que genera más volatilidad.

Para medir la volatilidad, muchos traders recurren a herramientas como las bandas de Bollinger o el indicador de rango verdadero promedio (ATR). Sin embargo, incluso sin el uso de indicadores, puedes obtener una buena idea de la volatilidad observando simplemente el tamaño de las velas en el gráfico. Cuando ves velas grandes y con cuerpos largos, eso generalmente indica alta volatilidad. En cambio, cuando las velas son pequeñas y están muy apretadas entre sí, es una señal de que el mercado está tranquilo y la volatilidad es baja. Aprender a identificar visualmente estos cambios en el tamaño de las velas te ayudará a ajustar tu enfoque de trading a las condiciones actuales del mercado.

La volatilidad puede ser tanto una oportunidad como una amenaza. Si eres un trader que busca grandes movimientos en cortos períodos de tiempo, la alta volatilidad puede ser lo que necesitas. En esos momentos, el mercado puede moverse rápidamente a tu favor, lo que te permite obtener ganancias más rápidamente. Sin embargo, es importante tener en cuenta que la alta volatilidad también significa mayor riesgo. Así como el precio puede moverse a tu favor rápidamente, también puede ir en tu contra igual de rápido. Por eso, durante períodos de alta volatilidad, muchos traders optan por reducir el tamaño de sus posiciones o ajustar sus niveles de stop loss para protegerse de movimientos bruscos inesperados.

Por otro lado, cuando la volatilidad es baja, el mercado tiende a moverse de manera más predecible. Durante estos períodos, es común ver que el precio se mantenga dentro de un rango bien definido. Un rango de operación es simplemente el área entre un nivel de soporte y un nivel de resistencia donde el precio oscila. En un mercado en rango, el precio sube y baja repetidamente dentro de estos límites sin una dirección clara. Este tipo de movimiento suele ser frustrante para aquellos que buscan grandes tendencias, pero puede ser una gran oportunidad para los traders que prefieren operar dentro de rangos, comprando en soporte y vendiendo en resistencia.

Identificar un rango de operación es relativamente sencillo. En un gráfico, verás que el precio sigue rebotando entre dos niveles claramente definidos sin romperlos. El nivel de soporte es el punto en el que el precio deja de caer y comienza a subir, mientras que el nivel de resistencia es el punto en el que el precio deja de subir y comienza a caer. Durante un mercado en rango, el precio tiende a moverse entre estos dos puntos una y otra vez, ofreciendo oportunidades para entrar y salir en cada rebote. Sin embargo, es importante estar atento a los posibles rompimientos de este rango, ya que eventualmente el mercado saldrá de su fase de consolidación y comenzará a moverse de manera más agresiva en una dirección.

Un aspecto interesante de los rangos de operación es que pueden ser tanto horizontales como inclinados. Los rangos horizontales son los más fáciles de identificar, ya que el soporte y la resistencia están alineados de manera paralela. Sin embargo, también puedes encontrarte con rangos inclinados, donde el precio está subiendo o bajando gradualmente dentro de un canal. Estos rangos inclinados también son oportunidades para operar, ya que el precio sigue moviéndose dentro de ciertos límites predecibles, pero con una dirección ligeramente más definida que un rango horizontal.

Cuando operas en un mercado con rangos bien definidos, la clave es ser paciente y esperar a que el precio llegue a los niveles de soporte o resistencia antes de tomar una posición. Muchos traders cometen el error de entrar en el medio del rango, lo que los deja vulnerables a movimientos repentinos en cualquier dirección.

En cambio, la estrategia ideal es comprar cerca del soporte y vender cerca de la resistencia, o viceversa si estás buscando operar en corto. De esta manera, maximizas tus probabilidades de éxito, ya que estás aprovechando los puntos clave donde es más probable que el precio rebote.

Otro aspecto importante a considerar cuando estás analizando la volatilidad y los rangos de operación es el contexto del mercado. La volatilidad no es igual en todos los mercados ni en todos los momentos del día. Por ejemplo, los pares de divisas como el EUR/USD tienden a ser más volátiles durante la sesión europea y americana, mientras que la volatilidad disminuye durante la sesión asiática. Lo mismo ocurre con otros activos, como las acciones o las materias primas. Entender en qué momentos del día el mercado es más volátil te ayudará a ajustar tus estrategias y evitar sorpresas. Además, ciertos eventos económicos, como la publicación de informes importantes o decisiones de los bancos centrales, pueden aumentar drásticamente la volatilidad del mercado en un corto período de tiempo. Por eso, es esencial estar al tanto del calendario económico y ser consciente de los eventos que podrían afectar el mercado que estás operando.

Cuando la volatilidad aumenta repentinamente, es común ver rompimientos de rangos de operación. Un rompimiento ocurre cuando el precio finalmente sale del rango en el que ha estado consolidándose y comienza a moverse de manera más agresiva en una dirección. Los rompimientos suelen ir acompañados de un aumento en la volatilidad, ya que más traders se unen al movimiento una vez que se ha confirmado. Esto puede ser una gran oportunidad para aquellos que prefieren operar con tendencias más fuertes, pero también es un momento en el que debes ser cauteloso, ya que los rompimientos falsos son comunes. Un rompimiento falso ocurre cuando el precio parece estar rompiendo un rango, pero luego se da la vuelta y vuelve a entrar en el rango, atrapando a aquellos que se apresuraron a entrar en el mercado.

Una de las formas en que los traders experimentados manejan la volatilidad y los rangos es ajustando su estrategia en función del contexto. Durante períodos de baja volatilidad, pueden optar por operar dentro del rango, mientras que durante períodos de alta volatilidad, prefieren esperar a los rompimientos y seguir la tendencia. Además, es común que ajusten el tamaño de sus posiciones y el riesgo que asumen en función de la volatilidad del mercado. Si la volatilidad es alta, pueden reducir el tamaño de sus posiciones para limitar el riesgo, mientras que si la volatilidad es baja, pueden aumentar el tamaño de sus posiciones para maximizar sus ganancias en un mercado más predecible.

En resumen, la lectura de la volatilidad y los rangos de operación es una habilidad esencial para cualquier trader. La volatilidad te indica cuán rápido y agresivamente se está moviendo el mercado, lo que puede influir directamente en tu toma de decisiones. Un mercado volátil puede ofrecer grandes oportunidades, pero también conlleva mayores riesgos. Por otro lado, los rangos de operación son áreas bien definidas en las que el precio oscila entre niveles de soporte y resistencia. Operar dentro de estos rangos puede ser una estrategia rentable, siempre que seas paciente y esperes a que el precio llegue a los niveles clave. En cualquier caso, entender el contexto y ajustar tu enfoque en función de la volatilidad y los rangos te ayudará a navegar el mercado de manera más efectiva y tomar decisiones de trading más informadas.

Interpretación del Volumen con Acción del Precio

El volumen es una de las herramientas más importantes que puedes utilizar cuando analizas la acción del precio. En términos simples, el volumen nos muestra cuántos activos, como acciones, contratos de futuros o unidades de una moneda, se están comprando y vendiendo en un período determinado. Es como una lupa que te permite ver la cantidad de actividad detrás de los movimientos del mercado. A menudo se dice que el precio es el "qué" y el volumen es el "cómo". Esto significa que, mientras el precio te dice hacia dónde se está moviendo el mercado, el volumen te da una pista de cuán fuerte o débil es ese movimiento. Cuanto mayor sea el volumen, más significativa será la dirección del precio.

Para empezar a entender la relación entre el volumen y la acción del precio, debes recordar que no todos los movimientos de precio son iguales. Un aumento de precio con bajo volumen no tiene la misma fuerza que un aumento de precio con un volumen alto. El volumen alto indica que hay más participantes en el mercado, lo que refuerza la legitimidad del movimiento. Es como si estuvieras viendo una carrera: si solo hay un corredor en la pista, probablemente no sea una competencia muy emocionante. Pero si ves a cientos de corredores, entonces sabes que es una carrera seria. Del mismo modo, cuando el volumen es alto, puedes estar más seguro de que el movimiento del precio tiene un respaldo sólido.

Uno de los principios básicos en la interpretación del volumen es que, cuando el precio sube en conjunto con un aumento de volumen, es una señal de que la tendencia alcista es fuerte y probablemente continuará. Esto se debe a que muchos compradores están entrando al mercado, lo que empuja el precio hacia arriba. Pero si el precio sube y el volumen no acompaña ese movimiento, es una advertencia. La falta de volumen sugiere que no hay suficiente interés de compra para sostener la subida, y esto podría significar que el movimiento alcista está perdiendo fuerza. En otras palabras, una subida de precio con bajo volumen es como construir una casa sobre arena: parece estable por fuera, pero no tiene una base firme.

Lo mismo ocurre en una tendencia bajista. Si el precio está cayendo y el volumen aumenta, eso indica que la tendencia bajista es fuerte, ya que hay muchos vendedores que están dispuestos a deshacerse de sus activos. Sin embargo, si el precio está cayendo pero el volumen es bajo, puede que la tendencia bajista no sea tan fuerte como parece, y existe la posibilidad de que el precio rebote pronto. Este tipo de análisis puede ayudarte a anticipar posibles reversiones en el mercado.

Otro aspecto importante del volumen es cómo se comporta en las zonas clave de soporte y resistencia. Imagina que el precio ha estado subiendo y se encuentra justo en un nivel de resistencia importante. Aquí es donde el volumen se vuelve realmente útil. Si el precio rompe la resistencia con un aumento significativo de volumen, es una señal de que los compradores tienen el control y probablemente veremos una continuación de la tendencia alcista. El volumen confirma que el rompimiento es real. Pero si el precio rompe la resistencia con un volumen bajo, puede que el rompimiento sea falso, lo que significa que el precio podría caer de nuevo y volver a situarse debajo del nivel de resistencia.

Del mismo modo, en un nivel de soporte, si el precio está cayendo y llega a ese nivel con un volumen creciente, es posible que veas una ruptura del soporte, lo que indicaría que los vendedores tienen el control. Pero si el precio llega al soporte y el volumen disminuye, es una señal de que los vendedores están perdiendo fuerza y que el soporte podría mantenerse, lo que podría generar una reversión al alza. En estos casos, el volumen actúa como un filtro que te permite diferenciar entre movimientos que son legítimos y aquellos que no lo son.

Además de los rompimientos, otro patrón interesante que puedes analizar con el volumen es la divergencia. Una divergencia ocurre cuando el precio y el volumen no están en sincronía. Por ejemplo, imagina que el precio sigue subiendo, pero el volumen está disminuyendo. Esto es una divergencia bajista, y generalmente indica que la tendencia alcista está perdiendo fuerza y que pronto podría haber una reversión. Por el contrario, si el precio está cayendo pero el volumen también está disminuyendo, esto podría ser una señal de que los vendedores están perdiendo impulso, lo que podría llevar a una reversión alcista. Las divergencias entre el precio y el volumen pueden ser poderosas señales de advertencia para cambios inminentes en la dirección del mercado.

El análisis del volumen no solo te ayuda a confirmar movimientos de precios, sino que también te da una idea de cuándo el mercado podría estar a punto de hacer una pausa o revertirse. Un concepto útil aquí es el de "clímax de volumen". Un clímax de volumen ocurre cuando el volumen de negociación alcanza niveles extremadamente altos, lo que indica un agotamiento en la tendencia actual. En un clímax de venta, por ejemplo, el volumen aumenta significativamente mientras el precio sigue cayendo. Esto sugiere que la presión de venta ha alcanzado su punto máximo, y que es probable que el mercado se esté preparando para rebotar. De manera similar, un clímax de compra ocurre cuando el volumen se dispara durante una tendencia alcista, lo que indica que los compradores podrían estar agotados y que una corrección podría estar cerca.

También es importante entender que el volumen no siempre es igual en todos los momentos del día o en todos los mercados. Por ejemplo, en el mercado de divisas, el volumen tiende a ser más alto durante las sesiones europeas y americanas, cuando los mercados están más activos. En cambio, durante la sesión asiática, el volumen suele ser menor, lo que puede dar lugar a movimientos de precios menos significativos. Del mismo modo, en el mercado de acciones, el volumen tiende a ser más alto al comienzo y al final de la sesión, con una disminución durante el mediodía. Al tener en cuenta estos patrones, puedes ajustar tus expectativas y estrategias de trading en función del comportamiento esperado del volumen.

Es importante recordar que el volumen por sí solo no siempre es suficiente para tomar decisiones de trading. Aunque puede darte una buena indicación de la fuerza detrás de un movimiento, siempre es mejor combinarlo con otras herramientas y análisis. Algunos traders prefieren utilizar el volumen junto con indicadores técnicos como el promedio móvil o el RSI para confirmar sus análisis. De esta forma, el volumen se convierte en una pieza más del rompecabezas que te ayuda a construir una imagen más completa del mercado.

Por último, debes tener en cuenta que el volumen puede interpretarse de diferentes maneras dependiendo del tipo de activo que estés negociando. En el mercado de acciones, por ejemplo, el volumen es un indicador claro de la cantidad de acciones que se están comprando y vendiendo. En el mercado de futuros, el volumen refleja el número de contratos que cambian de manos. En el mercado de divisas, sin embargo, no existe un volumen centralizado porque el mercado es descentralizado. En su lugar, los traders suelen utilizar indicadores de volumen basados en la cantidad de ticks o movimientos de precio. Aunque no es una representación perfecta del volumen real, este enfoque aún puede proporcionar pistas útiles sobre la actividad en el mercado.

En resumen, la interpretación del volumen es una herramienta crucial para cualquier trader que busque tomar decisiones informadas basadas en la acción del precio. El volumen te ayuda a entender cuán fuerte es un movimiento de precio, te proporciona pistas sobre posibles reversiones y te permite identificar cuándo un rompimiento es real o falso. Al aprender a analizar el volumen en combinación con el precio, puedes obtener una ventaja en el mercado, ya que te brinda información adicional que el simple movimiento del precio por sí solo no puede ofrecer. Aunque el volumen no es infalible, es una de las herramientas más poderosas a tu disposición y, con el tiempo y la práctica, se convertirá en una parte integral de tu enfoque de trading.

Gestión del Riesgo Basado en Acción del Precio

La gestión del riesgo es, sin duda, uno de los aspectos más importantes y menos glamorosos del trading, pero dominarla puede marcar la diferencia entre el éxito y el fracaso. Cuando hablamos de gestionar el riesgo basándonos en la acción del precio, nos referimos a tomar decisiones estratégicas para proteger nuestro capital en función de los movimientos que vemos en los gráficos. Es decir, usamos el comportamiento del mercado, reflejado en el precio, para determinar cuánto estamos dispuestos a arriesgar en cada operación y cuándo es el momento adecuado para entrar o salir de una posición.

El primer paso para gestionar el riesgo es entender que el objetivo en el trading no es simplemente ganar dinero, sino preservar tu capital. No importa lo acertado que seas en tus predicciones si arriesgas demasiado en una sola operación. Los mercados pueden ser impredecibles, y hasta los traders más experimentados tienen rachas de pérdidas. Por eso es esencial limitar el riesgo en cada operación. Muchos traders profesionales recomiendan no arriesgar más del 1% o 2% de tu cuenta en una sola operación. Esto significa que, si tienes una cuenta de $10,000, no deberías estar dispuesto a perder más de $100 o $200 en cualquier operación, sin importar cuán confiado te sientas sobre el resultado.

Aquí es donde entra en juego la acción del precio. Al analizar los gráficos, puedes identificar puntos clave que te ayudarán a determinar dónde colocar tus órdenes de stop loss, que son una herramienta crucial para limitar las pérdidas. Un stop loss es simplemente una orden que cierra automáticamente tu posición cuando el precio alcanza un cierto nivel en tu contra. Por ejemplo, si compras un activo a $50 y decides que no quieres perder más de $5 en esa operación, podrías colocar tu stop loss en $45. De esta manera, si el mercado se mueve en tu contra, tu posición se cerrará automáticamente antes de que las pérdidas sean demasiado grandes.

Pero, ¿cómo sabes dónde colocar ese stop loss? Aquí es donde el análisis de la acción del precio se vuelve valioso. En lugar de simplemente elegir un número arbitrario, puedes usar los niveles de soporte y resistencia para colocar tu stop loss de manera más estratégica. Un nivel de soporte es un área en el gráfico donde el precio ha tendido a detenerse cuando cae, mientras que un nivel de resistencia es donde el precio suele frenarse cuando sube. Si estás comprando un activo, podrías colocar tu stop loss justo por debajo de un nivel de soporte importante. La lógica detrás de esto es que, si el precio cae por debajo de ese nivel, es probable que la tendencia cambie y prefieres salir de la operación antes de sufrir mayores pérdidas.

Por otro lado, si estás vendiendo en corto, es decir, apostando a que el precio va a bajar, podrías colocar tu stop loss justo por encima de un nivel de resistencia clave. Si el precio supera esa resistencia, es una señal de que el mercado podría estar subiendo más, y querrás cerrar tu posición antes de que las pérdidas aumenten. Usar estos niveles de soporte y resistencia basados en la acción del precio te da una ventaja porque no estás colocando tus órdenes de manera aleatoria, sino basándote en el comportamiento histórico del mercado.

Otro aspecto crucial de la gestión del riesgo es ajustar el tamaño de tu posición en función de dónde coloques tu stop loss. Esto significa que, si decides que tu stop loss debe estar más lejos del precio actual para darle al mercado más espacio para moverse, debes reducir el tamaño de tu posición para mantener tu riesgo bajo control. Por ejemplo, si normalmente arriesgas $100 en una operación, pero en esta ocasión necesitas un stop loss más amplio, entonces podrías reducir la cantidad de activos que compras para que, incluso si el precio se mueve hasta tu stop loss, solo pierdas esos $100.

Del mismo modo, si puedes colocar un stop loss más cercano porque has identificado un nivel de soporte o resistencia muy claro, entonces podrías aumentar el tamaño de tu posición porque estás arriesgando menos en términos de puntos. Esto te permite maximizar tus ganancias potenciales sin aumentar tu riesgo total. La clave aquí es que siempre debes ajustar tu tamaño de posición en función de la distancia entre el precio de entrada y el nivel de tu stop loss, manteniendo el riesgo constante en cada operación.

Además de usar el stop loss, también puedes utilizar el concepto de "relación riesgo-recompensa" para gestionar mejor el riesgo en tus operaciones. La relación riesgo-recompensa mide cuánto estás dispuesto a arriesgar en comparación con cuánto esperas ganar. Una relación riesgo-recompensa de 1:2 significa que estás dispuesto a arriesgar $1 para ganar $2. Idealmente, siempre deberías buscar operaciones con una relación riesgo-recompensa favorable, porque incluso si no aciertas en todas tus operaciones, tus ganancias superarán a tus pérdidas a largo plazo.

Por ejemplo, si entras en una operación y estás arriesgando $100, deberías buscar una ganancia potencial de al menos $200. Esto te permite ser rentable incluso si solo aciertas en un 50% de tus operaciones. Al mantener una relación riesgo-recompensa favorable, también evitas la tentación de mantener una posición perdedora con la esperanza de que el mercado eventualmente se mueva a tu favor. En lugar de eso, cierras tus pérdidas temprano y permites que tus operaciones ganadoras corran, lo que es una de las claves para el éxito en el trading.

Un aspecto que a menudo se pasa por alto en la gestión del riesgo es la importancia de la paciencia. Muchos traders se sienten tentados a entrar en el mercado tan pronto como ven una oportunidad, pero es crucial esperar a que el precio llegue a los niveles que has identificado como importantes. Si el mercado no está alineado con tus criterios, es mejor no operar que entrar en una operación que no tiene buenas probabilidades de éxito. Aprender a ser paciente y esperar las configuraciones adecuadas basadas en la acción del precio te ayudará a reducir el riesgo y mejorar tus resultados a largo plazo.

Otro componente vital de la gestión del riesgo es no sobreoperar. A veces, los traders sienten la necesidad de estar constantemente en el mercado, lo que puede llevar a tomar decisiones apresuradas y arriesgadas. Sin embargo, en el trading, menos a menudo es más. Es mejor realizar unas pocas operaciones de alta calidad con un riesgo controlado que estar operando constantemente con resultados mediocres. Esto no solo protege tu capital, sino que también te ayuda a mantener una mentalidad más enfocada y menos emocional. El trading excesivo puede ser agotador mental y emocionalmente, lo que puede llevar a errores costosos.

Además, es importante reconocer que el mercado no siempre estará alineado con tu análisis o tu estrategia. A veces, tendrás rachas de pérdidas, y eso es completamente normal. Lo más importante es no permitir que una serie de pérdidas afecte tu confianza o te lleve a tomar decisiones impulsivas para tratar de recuperar rápidamente lo perdido. La gestión del riesgo te protege precisamente en estos momentos. Si cada pérdida está bien controlada, ninguna racha de pérdidas debería afectar gravemente tu cuenta. Con la acción del precio como guía, puedes identificar cuándo es prudente reducir el tamaño de tus posiciones o incluso permanecer fuera del mercado durante un tiempo si las condiciones no son favorables.

Una de las claves para una buena gestión del riesgo es mantener siempre una mentalidad objetiva. Los traders que toman decisiones basadas en la emoción suelen caer en trampas peligrosas, como mover sus stop losses más lejos para evitar una pérdida o mantener posiciones perdedoras con la esperanza de que el mercado finalmente cambie a su favor. Estas decisiones impulsivas suelen llevar a pérdidas más grandes. En cambio, si sigues un plan basado en la acción del precio y gestionas tu riesgo de manera disciplinada, estarás mejor preparado para enfrentar los altibajos del mercado sin comprometer tu cuenta de trading.

En conclusión, la gestión del riesgo basada en la acción del precio es fundamental para proteger tu capital y aumentar tus probabilidades de éxito en el trading. Al usar niveles de soporte y resistencia para colocar tus stop losses, ajustar el tamaño de tus posiciones en función de ese riesgo y mantener una relación riesgo-recompensa favorable, puedes minimizar las pérdidas y maximizar las ganancias a lo largo del tiempo. La paciencia, la disciplina y la objetividad son cualidades esenciales para cualquier trader que quiera sobrevivir y prosperar en los mercados. Al gestionar el riesgo de manera adecuada, te aseguras de que las inevitables pérdidas sean pequeñas y controladas, lo que te permite seguir en el juego el tiempo suficiente para aprovechar las oportunidades rentables cuando surjan.

Psicología del Trading y la Acción del Precio

La psicología del trading es uno de los aspectos más críticos y, a menudo, más subestimados en el mundo del trading. Aunque puedes aprender a leer gráficos y dominar la acción del precio, si no entiendes cómo tus emociones influyen en tus decisiones, puede ser muy difícil tener éxito a largo plazo. El mercado es impredecible, y eso puede hacer que los traders sientan miedo, ansiedad o codicia. Estas emociones, si no se manejan adecuadamente, pueden llevarte a tomar decisiones impulsivas, arriesgadas o mal pensadas. Por eso es tan importante aprender a controlar tus emociones y desarrollar una mentalidad fuerte que te permita seguir tu estrategia basada en la acción del precio de manera disciplinada.

El miedo es una de las emociones más comunes que experimentan los traders. A veces, el miedo se presenta antes de entrar en una operación, y te hace dudar de tu análisis. Incluso cuando todo parece alineado a tu favor según la acción del precio, podrías sentir miedo de perder dinero. Esto te puede llevar a no abrir operaciones que, de otra manera, serían rentables. El miedo también se puede manifestar durante una operación. Imagina que entras en una posición y el mercado comienza a moverse en tu contra. Aunque puede ser normal que el precio fluctúe un poco antes de dirigirse hacia la dirección que habías anticipado, el miedo puede hacer que cierres la operación demasiado pronto, aceptando una pequeña pérdida, solo para ver que el mercado finalmente va en la dirección que habías previsto.

La codicia es otra emoción peligrosa que puede afectar tus decisiones de trading. Esta emoción suele surgir cuando una operación va a tu favor y ves que las ganancias empiezan a acumularse. En lugar de cerrar la operación y asegurar esas ganancias, puedes sentir la tentación de mantenerla abierta por más tiempo con la esperanza de obtener aún más. La codicia te puede llevar a ignorar las señales de advertencia que te da la acción del precio, y como resultado, podrías terminar perdiendo gran parte de lo que habías ganado o, peor aún, transformando una operación ganadora en una perdedora. Por eso es fundamental saber cuándo es el momento adecuado para tomar ganancias y no dejar que la codicia nuble tu juicio.

Otra emoción que influye en muchos traders es la frustración. Esto suele ocurrir cuando experimentas una racha de pérdidas. El trading puede ser muy frustrante, especialmente cuando crees que has hecho todo bien y el mercado simplemente no se mueve como esperabas. En estos momentos, es fácil caer en la tentación de tomar decisiones impulsivas para "recuperar" lo perdido. Este tipo de reacción emocional puede llevar a sobreoperar, es decir, entrar en demasiadas operaciones sin una razón clara o estratégica. La acción del precio puede no estar dando ninguna señal válida, pero la frustración te empuja a seguir operando, lo que a menudo resulta en más pérdidas. Es esencial recordar que cada pérdida forma parte del proceso de trading, y aprender a aceptar las pérdidas como algo natural te ayudará a mantener la calma y seguir con tu plan.

La clave para superar estas emociones y mantenerte enfocado en la acción del precio es tener un plan de trading sólido y adherirse a él. Un plan de trading es básicamente un conjunto de reglas que sigues antes, durante y después de cada operación. Estas reglas deben incluir cómo vas a identificar las oportunidades basadas en la acción del precio, cuánto vas a arriesgar en cada operación y cuándo vas a salir de una operación, ya sea con una ganancia o una pérdida. Al tener un plan claro y seguirlo, reduces la influencia de las emociones, ya que tomas decisiones basadas en un enfoque racional en lugar de impulsos emocionales.

Una parte importante de este plan de trading debe incluir cómo vas a gestionar el riesgo. Como vimos en el capítulo anterior, una buena gestión del riesgo es esencial para proteger tu capital, pero también tiene un impacto directo en tu psicología. Si sabes que solo estás arriesgando una pequeña parte de tu cuenta en cada operación, será más fácil manejar las pérdidas sin que te afecten emocionalmente. Por otro lado, si arriesgas demasiado en una sola operación, cada pérdida puede sentirse devastadora, lo que aumentará tus niveles de estrés y te llevará a tomar decisiones impulsivas en futuras operaciones.

También es importante tener expectativas realistas. Muchos traders principiantes llegan al mercado con la idea de que van a hacerse ricos rápidamente. Sin embargo, el trading es un maratón, no una carrera de velocidad. La acción del precio te puede proporcionar muchas oportunidades, pero no todas van a resultar en operaciones ganadoras. Tener una tasa de éxito del 50% o 60% puede ser suficiente para ser rentable si gestionas bien el riesgo y permites que tus operaciones ganadoras cubran las pérdidas de las que no salen bien. Si entras en el mercado esperando ganar en cada operación, te frustrarás rápidamente y será más difícil mantener la calma cuando enfrentes una racha de pérdidas.

Otro aspecto importante de la psicología del trading es la paciencia. La acción del precio no siempre te va a dar señales claras de inmediato, y a veces tendrás que esperar antes de que el mercado llegue a los niveles que has identificado como clave. Puede ser tentador saltar al mercado antes de tiempo, especialmente cuando sientes que te estás perdiendo una oportunidad, pero esta impaciencia puede costarte caro. La paciencia es fundamental en el trading, ya que esperar el momento adecuado para entrar en una operación puede hacer la diferencia entre una operación rentable y una pérdida. Desarrollar esta paciencia requiere disciplina, pero a largo plazo es una habilidad que te protegerá de cometer errores costosos.

La mentalidad correcta en el trading también implica ser flexible y estar dispuesto a adaptarse. El mercado está en constante movimiento, y no siempre va a hacer lo que esperas. A veces, la acción del precio puede señalar que una operación que parecía prometedora ya no lo es. En estos casos, es importante ser lo suficientemente humilde como para admitir que te equivocaste y salir de la operación antes de que las pérdidas se acumulen. Muchos traders se aferran a una operación perdedora con la esperanza de que el mercado se dará vuelta, lo que puede llevar a grandes pérdidas. Ser flexible significa estar dispuesto a ajustar tu estrategia cuando la situación lo requiera, sin apegarte emocionalmente a una posición.

Una técnica útil para mejorar tu psicología del trading es llevar un diario de trading. En este diario, puedes registrar cada operación que haces, incluyendo por qué la hiciste, cómo te sentiste durante la operación y qué aprendiste de ella. Esto te permite revisar tus decisiones de manera objetiva y detectar patrones en tu comportamiento emocional. Por ejemplo, podrías notar que tiendes a cerrar operaciones demasiado pronto cuando sientes ansiedad o que sueles aumentar el tamaño de tus posiciones después de una serie de ganancias, lo que puede ser un signo de codicia. Al ser consciente de estos patrones emocionales, puedes trabajar para corregirlos y mejorar tu toma de decisiones.

Un error común que cometen los traders, especialmente los principiantes, es enfocarse únicamente en las ganancias y pérdidas, sin prestar suficiente atención a la calidad de sus decisiones. La verdad es que puedes tomar una decisión de trading excelente y aun así perder dinero, porque el mercado es impredecible. De igual manera, podrías tomar una mala decisión y terminar ganando dinero simplemente porque tuviste suerte. En lugar de juzgarte solo por los resultados, es importante evaluar si seguiste tu plan de trading y tomaste decisiones basadas en la acción del precio, no en las emociones. Si te concentras en hacer lo correcto una y otra vez, los resultados positivos llegarán a largo plazo.

Además de controlar tus emociones mientras operas, también es importante mantener un equilibrio mental fuera del mercado. El trading puede ser emocionalmente agotador, y si te enfocas demasiado en los altibajos del mercado, puede afectar tu bienestar general. Es fundamental tener una vida equilibrada, donde el trading sea solo una parte de tu día. Esto puede incluir hacer ejercicio, pasar tiempo con la familia y amigos o practicar hobbies que disfrutes. Un cuerpo y una mente sanos te ayudarán a mantener la calma y la claridad cuando operes, lo que a su vez te permitirá tomar mejores decisiones basadas en la acción del precio.

Finalmente, recuerda que el trading es un viaje de aprendizaje continuo. No importa cuánto tiempo lleves en los mercados, siempre habrá algo nuevo que aprender. Desarrollar la psicología adecuada para el trading no ocurre de la noche a la mañana. Requiere tiempo, experiencia y auto-reflexión. Cuanto más practiques controlar tus emociones y mantenerte fiel a tu estrategia basada en la acción del precio, más fácil te resultará navegar por los altibajos del mercado sin que tus emociones dominen tus decisiones. Con el tiempo, aprenderás a ver el mercado de manera más objetiva y a tomar decisiones informadas que te permitirán crecer como trader y, lo más importante, proteger tu capital mientras buscas oportunidades rentables.

Operando en Tiempos de Noticias y Eventos

Operar en tiempos de noticias y eventos puede ser una de las experiencias más emocionantes, pero también una de las más desafiantes para cualquier trader. Los mercados financieros son muy sensibles a las noticias, ya sea un informe económico importante, una decisión de política monetaria, o incluso un comentario inesperado de un líder mundial. Estos eventos pueden provocar movimientos significativos en los precios, lo que crea tanto oportunidades como riesgos para los traders que operan basándose en la acción del precio. Entender cómo reaccionar ante estos eventos y cómo usar la acción del precio para guiar tus decisiones puede marcar la diferencia entre el éxito y la pérdida en momentos de alta volatilidad.

Cuando una noticia importante se anuncia, los mercados suelen reaccionar de manera rápida y a veces impredecible. Imagina que estás viendo un gráfico de velas japonesas justo antes de un anuncio clave de tasas de interés. Podrías notar que el mercado está tranquilo, con las velas mostrando poco movimiento y con un rango estrecho de precios. Pero una vez que la noticia sale, el mercado puede explotar en una dirección u otra, creando grandes velas con mechas largas y movimientos rápidos. Estos movimientos pueden ser tentadores para un trader, ya que la posibilidad de capturar una gran ganancia en un corto período es muy atractiva. Sin embargo, este tipo de acción del precio puede ser engañosa, ya que la volatilidad que sigue a las noticias puede hacer que el mercado cambie de dirección rápidamente, atrapando a los traders desprevenidos.

Uno de los mayores desafíos de operar durante eventos de noticias es que los movimientos del mercado suelen ser impulsados por la reacción emocional de los participantes, más que por un análisis racional. Muchos traders, tanto novatos como experimentados, pueden actuar de forma impulsiva cuando una noticia es publicada, entrando en operaciones por miedo a perderse un movimiento importante. Sin embargo, operar basado únicamente en la emoción o el pánico general del mercado puede ser peligroso. En lugar de tomar decisiones apresuradas, es mejor esperar a que la acción del precio te dé señales claras de cómo se está ajustando el mercado a la nueva información. Una buena estrategia es observar las primeras reacciones y luego esperar a que el mercado se estabilice antes de entrar en una operación.

Un enfoque que muchos traders utilizan es operar "al margen" de los eventos de noticias. Esto significa estar al tanto de cuándo se van a anunciar noticias importantes, pero evitar abrir nuevas operaciones justo antes o inmediatamente después del anuncio. Este enfoque es particularmente útil si no tienes experiencia operando en condiciones de alta volatilidad, ya que reduce el riesgo de ser atrapado en movimientos inesperados. En lugar de tratar de adivinar cómo reaccionará el mercado, puedes esperar a que la volatilidad disminuya y a que la acción del precio te ofrezca señales más claras. La paciencia es clave en este tipo de situaciones, ya que, aunque puede ser tentador tratar de aprovechar los movimientos rápidos, esperar a que el polvo se asiente te permitirá tomar decisiones más racionales y menos impulsivas.

Para los traders que prefieren tomar un enfoque más activo durante los eventos de noticias, la clave es estar preparado y saber qué tipo de reacción podrías esperar del mercado. Cada tipo de noticia afecta a los mercados de manera diferente. Por ejemplo, un informe de empleo podría tener un gran impacto en el mercado de divisas, mientras que una decisión sobre la tasa de interés podría causar movimientos significativos en los mercados de bonos y acciones. Al saber qué esperar y al tener un plan de acción basado en la acción del precio, puedes reducir la incertidumbre y aumentar tus posibilidades de éxito. Es importante estudiar cómo han reaccionado los mercados en el pasado a eventos similares, ya que esto puede darte una idea de cómo podría reaccionar en el futuro.

Otra cosa a tener en cuenta es que los spreads tienden a aumentar durante los momentos de alta volatilidad. Esto significa que el costo de entrar y salir de una operación puede ser mucho mayor de lo habitual, lo que puede afectar tu rentabilidad. Antes de operar durante un evento de noticias, es importante verificar el spread y asegurarte de que no sea tan amplio que te impida obtener beneficios de un movimiento de precios favorable. Además, debido a la rapidez con la que se mueven los precios durante estos eventos, tus órdenes de stop-loss pueden no ejecutarse al precio exacto que esperabas, lo que podría resultar en mayores pérdidas de lo previsto. Tener en cuenta estos factores es esencial para gestionar el riesgo de manera efectiva cuando operas en tiempos de noticias.

El uso de órdenes pendientes también puede ser una estrategia útil durante eventos de noticias. Las órdenes pendientes te permiten colocar una operación antes de que ocurra un evento, y estas se activan solo si el mercado alcanza un precio específico. Esto puede ser útil si anticipas que el mercado se moverá en una dirección particular, pero no quieres estar frente a la pantalla en el momento exacto del anuncio. Por ejemplo, si sabes que un nivel clave de soporte o resistencia está cerca del precio actual, podrías colocar una orden pendiente en ese nivel, confiando en que la acción del precio respetará esa zona incluso durante la volatilidad causada por las noticias. Sin embargo, este tipo de estrategia no está exenta de riesgos, ya que el mercado podría moverse rápidamente en contra de tu operación antes de que puedas reaccionar.

También es importante ser consciente del concepto de "sobre-reacción" del mercado. En muchas ocasiones, los mercados tienden a reaccionar de forma exagerada a las noticias, creando movimientos extremos que no siempre reflejan el verdadero impacto de la información. Por ejemplo, un informe económico negativo podría causar una caída dramática en los precios de las acciones, pero poco después, el mercado podría recuperarse rápidamente a medida que los traders reconsideran la importancia de la noticia. Por eso, es esencial tener en cuenta el contexto más amplio del mercado y no dejarse llevar por los primeros movimientos. La acción del precio puede ayudarte a identificar cuándo el mercado ha reaccionado de manera exagerada y cuándo es el momento adecuado para entrar en una operación.

Otra estrategia útil durante los eventos de noticias es operar en función de las expectativas del mercado. A menudo, los precios ya habrán descontado la posible noticia antes de que esta se anuncie oficialmente. Esto significa que, si la noticia es exactamente lo que el mercado esperaba, el impacto en los precios puede ser menor de lo que podrías pensar. En cambio, si la noticia es inesperada o contraria a lo que la mayoría de los traders anticipaba, el movimiento del mercado puede ser mucho más violento. Por ejemplo, si el mercado espera que una empresa anuncie buenos resultados financieros y eso ya está reflejado en el precio de la acción, la acción del precio podría mostrar poca reacción si los resultados son tan buenos como se esperaba. Sin embargo, si los resultados son peores de lo previsto, la acción del precio podría moverse rápidamente a la baja.

Una de las mayores ventajas de operar con la acción del precio en tiempos de noticias es que te permite seguir lo que el mercado está haciendo en tiempo real, sin la necesidad de depender de indicadores técnicos que podrían retrasarse. La acción del precio es pura y directa, lo que te permite ver cómo los participantes del mercado están reaccionando en ese mismo momento. Esto te da una ventaja frente a aquellos traders que confían demasiado en indicadores que no siempre reflejan la realidad del mercado en momentos de alta volatilidad. Al enfocarte en la acción del precio, puedes tomar decisiones rápidas y basadas en lo que realmente está sucediendo en el mercado, no en lo que un indicador te dice que debería estar sucediendo.

En resumen, operar en tiempos de noticias y eventos es una actividad emocionante pero llena de riesgos. La volatilidad que sigue a estos eventos puede crear grandes oportunidades, pero también puede generar pérdidas si no se maneja adecuadamente. La clave está en estar preparado, tener un plan de trading claro basado en la acción del precio, y ser disciplinado para no dejar que las emociones o el pánico influyan en tus decisiones. Ya sea que prefieras evitar estos momentos o aprovecharlos, la acción del precio te proporcionará las herramientas necesarias para interpretar el comportamiento del mercado y tomar decisiones informadas.

Cómo Usar Marcos Temporales en Acción del Precio

Usar marcos temporales en la acción del precio es una de las herramientas más importantes para cualquier trader, ya que te permite analizar el mercado desde diferentes perspectivas y tomar decisiones más informadas. Un marco temporal, también conocido como "time frame", simplemente se refiere a la cantidad de tiempo que cada vela o barra en un gráfico representa. Por ejemplo, en un gráfico de 5 minutos, cada vela muestra el movimiento del precio durante un período de cinco minutos. Si cambias a un gráfico de 1 hora, cada vela representa una hora completa de acción del precio. Dependiendo de qué marco temporal elijas, el gráfico puede darte una visión diferente del mercado. Aprender a usar múltiples marcos temporales es clave para tener una imagen más clara de lo que está ocurriendo y tomar decisiones de trading más precisas.

Lo primero que debes entender es que no hay un marco temporal "correcto" o "incorrecto" para operar. Cada trader tiene su estilo y preferencias. Algunos prefieren marcos temporales más cortos, como gráficos de 1 minuto o 5 minutos, donde la acción del precio se mueve rápidamente, y las oportunidades de entrada y salida son frecuentes. Estos traders suelen ser conocidos como "scalpers", ya que buscan obtener ganancias pequeñas pero rápidas. Otros prefieren marcos temporales más largos, como gráficos de 1 hora, 4 horas o incluso diarios, donde las tendencias son más claras y hay más tiempo para analizar el mercado antes de tomar una decisión. Este estilo es más común entre los traders "swing", que buscan capturar movimientos más grandes y mantienen sus posiciones abiertas durante días o semanas.

Uno de los beneficios de usar múltiples marcos temporales es que te permite obtener una visión más completa del mercado. Por ejemplo, si estás operando en un gráfico de 15 minutos, es posible que identifiques una tendencia a corto plazo, pero si cambias a un gráfico de 4 horas, podrías descubrir que esa tendencia es solo una pequeña parte de un movimiento más grande en la dirección opuesta. Al utilizar marcos temporales más amplios junto con los más cortos, puedes evitar caer en trampas y obtener una mejor comprensión de las tendencias principales y los niveles clave. Un enfoque comúnmente utilizado es empezar con un marco temporal más largo para identificar la tendencia general, y luego cambiar a un marco temporal más corto para encontrar oportunidades de entrada basadas en la acción del precio.

Una de las estrategias más efectivas al utilizar marcos temporales es el análisis de "arriba hacia abajo". Esta técnica implica comenzar por observar un marco temporal mayor, como un gráfico diario o de 4 horas, para identificar la dirección principal del mercado. En este marco temporal, puedes buscar patrones de acción del precio, como formaciones de velas, zonas de soporte y resistencia, o la dirección de la tendencia. Una vez que hayas identificado la tendencia general, puedes bajar a un marco temporal más corto, como el gráfico de 1 hora o 15 minutos, para buscar oportunidades de entrada. Al hacer esto, te aseguras de que tus operaciones estén alineadas con la tendencia principal, lo que aumenta las probabilidades de éxito.

Imagina, por ejemplo, que estás observando un gráfico diario y ves que el mercado ha estado en una tendencia alcista durante varias semanas, con el precio subiendo consistentemente. Esto te indica que el impulso general del mercado es positivo. Luego, cambias a un gráfico de 1 hora y observas que el precio ha estado retrocediendo, pero parece estar formando una zona de soporte clave. Este retroceso podría ser una oportunidad para entrar en una operación de compra, sabiendo que la tendencia principal es alcista y que es probable que el precio vuelva a subir. Este tipo de análisis combinado de marcos temporales te ayuda a encontrar puntos de entrada más precisos y minimizar el riesgo de operar en contra de la tendencia.

Al operar con acción del precio, también es útil prestar atención a cómo los niveles clave de soporte y resistencia en marcos temporales más grandes afectan el comportamiento del precio en marcos más pequeños. Los niveles de soporte y resistencia que identificas en un gráfico de 4 horas o diario suelen ser más fuertes y más relevantes que los que podrías encontrar en un gráfico de 5 minutos. Esto se debe a que más traders, incluidos los institucionales, están observando esos niveles en los marcos temporales más largos. Si el precio se acerca a un nivel de resistencia en un gráfico diario, es probable que veas una reacción en el gráfico de 15 minutos, lo que podría generar una oportunidad para entrar en una operación de venta en un momento oportuno.

Por otro lado, también es importante entender que cada marco temporal tiene sus propias características y puede mostrarte diferentes facetas de la acción del precio. En marcos temporales cortos, como el de 1 minuto o 5 minutos, los movimientos del precio pueden ser muy rápidos y volátiles. Esto significa que las señales que ves en estos gráficos podrían ser más propensas a generar "ruido", es decir, movimientos erráticos que no representan una verdadera tendencia. Por eso, operar en marcos temporales cortos requiere una gran atención y la habilidad de tomar decisiones rápidas. Si eres principiante, puede ser mejor comenzar con marcos temporales más largos, donde las tendencias son más claras y tienes más tiempo para analizar antes de actuar.

Además, el uso de marcos temporales te permite adaptar tu estilo de trading a tu rutina diaria y disponibilidad. Si no tienes mucho tiempo para estar frente a la pantalla, los marcos temporales largos, como los gráficos de 4 horas o diarios, pueden ser más adecuados, ya que no requieren monitoreo constante. Puedes analizar el mercado al principio del día, identificar los niveles clave de soporte y resistencia, y colocar tus operaciones sin tener que preocuparte por los pequeños movimientos que ocurren durante el día. Por otro lado, si tienes más tiempo para dedicar al trading y disfrutas de la emoción de los movimientos rápidos, los marcos temporales cortos podrían ser más adecuados para ti.

También es importante mencionar que, aunque usar múltiples marcos temporales puede ser muy útil, debes tener cuidado de no caer en el análisis excesivo. A veces, cambiar constantemente de un marco temporal a otro puede confundirte y hacer que dudes de tus decisiones. Es mejor elegir un par de marcos temporales en los que te sientas cómodo y que se adapten a tu estilo de trading. Por ejemplo, si prefieres el trading a corto plazo, puedes utilizar un gráfico de 4 horas para identificar la tendencia principal y un gráfico de 15 minutos para encontrar tus entradas. Si prefieres el trading a más largo plazo, puedes usar un gráfico diario para analizar la tendencia general y un gráfico de 1 hora para tus operaciones.

Finalmente, un aspecto clave a tener en cuenta cuando usas marcos temporales es la coherencia. Independientemente del marco temporal que elijas, es importante que mantengas la misma lógica y enfoque en tu análisis de acción del precio. Esto significa que, si identificas un patrón de velas en un gráfico de 4 horas, como un martillo alcista en una zona de soporte, ese mismo patrón debería tener el mismo significado en un gráfico de 15 minutos. No debes cambiar tu interpretación solo porque el marco temporal es diferente. La acción del precio sigue siendo válida y útil en cualquier marco temporal, siempre y cuando la interpretes de manera consistente y sigas tus reglas de trading.

En resumen, el uso de marcos temporales en la acción del precio es una herramienta poderosa que te permite ver el mercado desde diferentes ángulos y tomar decisiones más informadas. Al combinar marcos temporales largos y cortos, puedes identificar la tendencia principal y encontrar oportunidades de entrada precisas, aumentando tus probabilidades de éxito. Ya sea que prefieras el trading rápido o más pausado, los marcos temporales te permiten adaptar tu estrategia a tus necesidades y estilo de vida. Lo importante es mantener la coherencia en tu análisis y evitar el exceso de información que puede llevar a la indecisión. Con práctica y experiencia, aprenderás a usar los marcos temporales de manera efectiva y a tomar decisiones de trading más confiables basadas en la acción del precio.

Operativa Intradía con Acción del Precio

La operativa intradía, o "day trading", es una estrategia en la que los traders compran y venden activos dentro de un solo día de negociación, con el objetivo de aprovechar los movimientos de precios a corto plazo. En lugar de mantener posiciones durante días, semanas o meses, los traders intradía cierran todas sus operaciones antes de que finalice la sesión de mercado. Este estilo de trading es muy popular debido a su dinamismo y las oportunidades que ofrece para generar beneficios rápidamente. La acción del precio, que se basa en leer y analizar los movimientos puros del mercado a través de los gráficos, es una herramienta fundamental para la operativa intradía, ya que permite a los traders tomar decisiones rápidas y precisas sin la necesidad de depender de indicadores complejos o retrasados.

Al operar intradía con acción del precio, el enfoque está en analizar los gráficos de corto plazo, como los de 1 minuto, 5 minutos o 15 minutos, para identificar patrones y señales que indiquen posibles movimientos del mercado. A diferencia de los traders a largo plazo que estudian tendencias generales y toman decisiones basadas en el comportamiento del mercado en marcos temporales mayores, los traders intradía se centran en capturar movimientos pequeños y rápidos. Esto significa que necesitan ser extremadamente ágiles en su análisis y ejecución, ya que cualquier retraso puede hacer que pierdan una oportunidad o sufran una pérdida.

Uno de los aspectos más importantes de la operativa intradía con acción del precio es aprender a identificar los niveles clave de soporte y resistencia en marcos temporales cortos. Estos niveles son áreas en las que el precio tiende a detenerse, rebotar o cambiar de dirección, y suelen representar zonas de interés para otros traders. Por ejemplo, en un gráfico de 5 minutos, podrías notar que el precio ha tocado repetidamente un nivel de soporte y no ha podido romperlo. Esto podría indicar una oportunidad para comprar, ya que la acción del precio sugiere que el mercado no está dispuesto a dejar que el precio caiga por debajo de ese nivel. Del mismo modo, si el precio ha alcanzado varias veces un nivel de resistencia y no ha logrado superarlo, podrías considerar una venta, esperando que el precio retroceda desde ese punto.

Un concepto clave en la operativa intradía es el "momentum", que se refiere a la velocidad y fuerza con la que se mueve el precio. La acción del precio es excelente para medir el momentum, ya que te permite ver en tiempo real cómo se está moviendo el mercado. Si las velas en un gráfico de 1 minuto están alargadas y tienen poco retroceso, esto indica un fuerte impulso en esa dirección. Los traders intradía pueden aprovechar estos movimientos rápidos entrando en una operación a favor del momentum, con la esperanza de capturar una parte del movimiento antes de que se agote. Sin embargo, es crucial recordar que el momentum puede cambiar rápidamente, por lo que es importante estar siempre alerta y listo para ajustar tu estrategia si el mercado cambia de dirección.

La gestión del riesgo es otro componente esencial en la operativa intradía, y es algo que no se puede tomar a la ligera, especialmente cuando se utiliza la acción del precio. Dado que los movimientos intradía pueden ser rápidos y volátiles, es fácil perder más de lo planeado si no se tiene una estrategia clara para gestionar el riesgo. Una de las formas más efectivas de hacerlo es utilizando órdenes de stop-loss, que son órdenes preestablecidas para salir de una operación si el precio alcanza un nivel determinado en tu contra. Al operar con acción del precio, un stop-loss bien colocado puede estar justo por debajo de un nivel de soporte o por encima de un nivel de resistencia, dependiendo de si estás comprando o vendiendo. Esto te protege en caso de que el mercado no se mueva como esperabas y te ayuda a limitar tus pérdidas.

Una ventaja significativa de operar intradía con acción del precio es que no necesitas depender de muchos indicadores técnicos que a menudo son lentos o confusos. Los indicadores como el RSI, las medias móviles o el MACD pueden ser útiles para algunos traders, pero también tienen un retraso, lo que significa que podrían no mostrarte el cambio en el mercado hasta que ya sea demasiado tarde. En cambio, al operar solo con la acción del precio, estás viendo directamente cómo se comporta el mercado en ese momento. Estás analizando los movimientos de las velas, las formaciones, las mechas y los cuerpos de las velas, lo que te proporciona información instantánea sobre la oferta y la demanda en el mercado. Esto te permite reaccionar de manera más rápida y precisa.

Además de los niveles de soporte y resistencia, otro concepto importante en la operativa intradía con acción del precio son los patrones de velas. Los patrones de velas son formaciones que se repiten en los gráficos y que indican posibles cambios de dirección en el precio. Algunos patrones comunes que los traders intradía buscan incluyen el martillo, el envolvente alcista o bajista, y las estrellas fugaces, entre otros. Estos patrones, cuando se identifican correctamente, pueden proporcionar señales claras de cuándo entrar o salir de una operación. Por ejemplo, si ves un patrón de envolvente alcista en un gráfico de 5 minutos justo en un nivel de soporte, esto podría ser una señal de que el precio está a punto de subir, y podrías aprovechar esa oportunidad para comprar.

El "scalping" es una técnica muy popular entre los traders intradía que utilizan la acción del precio. Esta técnica implica realizar múltiples operaciones en un solo día, buscando obtener pequeñas ganancias de cada una. El scalping se basa en la idea de que es más fácil capturar pequeños movimientos del mercado que grandes tendencias. Los scalpers utilizan gráficos de marcos temporales muy cortos, como los de 1 minuto o 5 minutos, para identificar rápidos cambios en la acción del precio. Aunque las ganancias de cada operación pueden ser pequeñas, el objetivo es acumular varias operaciones rentables a lo largo del día. Es un estilo de trading que requiere concentración, velocidad y una gran capacidad para tomar decisiones rápidas.

Aunque la operativa intradía puede ser emocionante, también tiene sus desventajas. Uno de los principales desafíos es el estrés que puede generar. Como los movimientos del mercado son rápidos y las decisiones deben tomarse en cuestión de segundos, los traders intradía a menudo sienten una gran presión.

Este estrés puede llevar a errores, como entrar en una operación sin analizar adecuadamente la acción del precio o salir demasiado pronto por miedo a perder una pequeña ganancia. La clave para tener éxito en la operativa intradía es mantener la calma, seguir tu plan de trading y no dejar que las emociones controlen tus decisiones. El autocontrol es tan importante como la técnica en este estilo de trading.

Otra desventaja es que la operativa intradía requiere tiempo y dedicación. A diferencia de los traders que operan en marcos temporales más largos y pueden revisar el mercado una o dos veces al día, los traders intradía deben estar frente a la pantalla durante la mayor parte de la sesión de mercado, buscando constantemente oportunidades y reaccionando ante los movimientos del precio. Esto puede ser agotador y no siempre es compatible con otros compromisos personales o laborales. Si bien la operativa intradía puede ser muy rentable, también es importante considerar si tienes el tiempo y la energía necesarios para dedicarte a este estilo de trading de manera constante.

A pesar de los desafíos, la operativa intradía sigue siendo una opción atractiva para muchos traders, especialmente aquellos que disfrutan de la adrenalina de los movimientos rápidos del mercado y la posibilidad de obtener ganancias diarias. La acción del precio es la herramienta perfecta para este estilo de trading, ya que te proporciona la información más directa y precisa sobre lo que está ocurriendo en el mercado en tiempo real. Con práctica y disciplina, puedes aprender a identificar patrones y señales en marcos temporales cortos, tomar decisiones rápidas y gestionar tu riesgo de manera efectiva, lo que te permitirá tener éxito en la operativa intradía.

En resumen, la operativa intradía con acción del precio es una estrategia emocionante que requiere un enfoque preciso y ágil. Al aprender a leer los gráficos, identificar niveles clave de soporte y resistencia, y manejar el momentum, puedes aprovechar los rápidos movimientos del mercado para obtener ganancias. Sin embargo, también es importante gestionar adecuadamente el riesgo y no dejar que las emociones te dominen. La clave del éxito en este tipo de operativa es la práctica constante, la paciencia y la capacidad de tomar decisiones rápidas basadas en la acción del precio.

Acción del Precio en Mercados de Alta Liquidez

La acción del precio en mercados de alta liquidez es un aspecto fascinante y crucial para los traders, especialmente aquellos que buscan aprovechar movimientos precisos y rápidos en el mercado. Cuando hablamos de alta liquidez, nos referimos a mercados en los que hay un gran volumen de operaciones, lo que significa que es más fácil comprar o vender un activo sin que esto provoque un gran impacto en su precio. Los mercados de alta liquidez, como los principales pares de divisas en Forex (por ejemplo, EUR/USD), las acciones de grandes compañías como Apple o Google, o los futuros sobre índices importantes como el S&P 500, tienden a ser muy atractivos para los traders, ya que ofrecen una mayor estabilidad y menores costos de transacción.

Operar en mercados de alta liquidez tiene varias ventajas que pueden ser aprovechadas a través de la acción del precio. En primer lugar, la alta liquidez reduce los "slippages", que son los deslizamientos de precio que ocurren cuando el mercado se mueve inesperadamente al ejecutar una orden. En mercados menos líquidos, como las acciones de compañías pequeñas o criptomonedas menos populares, este tipo de deslizamientos puede ser frecuente y perjudicial para los traders. Sin embargo, en mercados de alta liquidez, el precio se mueve de manera más suave y controlada, lo que hace que la acción del precio sea mucho más confiable. Como trader, esto te permite leer los gráficos con mayor precisión, ya que los movimientos bruscos o erráticos son menos comunes.

Uno de los elementos clave al operar en mercados de alta liquidez es que las señales de la acción del precio suelen ser más limpias y confiables. Los niveles de soporte y resistencia, por ejemplo, son más respetados porque hay más participantes en el mercado que están atentos a esos mismos niveles. Imagina un par de divisas muy líquido como el EUR/USD. Si el precio está tocando un nivel de soporte importante, es probable que una gran cantidad de traders institucionales y minoristas estén viendo ese mismo nivel. Debido a la cantidad de órdenes que se colocan en torno a esos puntos clave, es más probable que el mercado reaccione con movimientos predecibles. Esto te brinda una mayor confianza al tomar decisiones basadas en la acción del precio.

La alta liquidez también permite que los patrones de velas, como los patrones de reversión y continuación, sean más significativos. En mercados de baja liquidez, es común ver velas con mechas largas y movimientos erráticos debido a la falta de órdenes en ciertas áreas del gráfico. Esto puede hacer que sea más difícil interpretar la acción del precio de manera precisa. En cambio, en un mercado líquido, las velas suelen ser más consistentes, lo que facilita la identificación de patrones como el martillo, el doji o el envolvente bajista o alcista. Al observar estos patrones en mercados líquidos, puedes tener más confianza en que son señales reales y no anomalías causadas por la falta de volumen.

Además, la alta liquidez tiende a reducir la volatilidad extrema, lo que puede ser beneficioso si prefieres una operativa más controlada. Aunque algunos traders buscan mercados volátiles para obtener grandes movimientos de precio en poco tiempo, muchos otros prefieren la estabilidad que ofrecen los mercados líquidos. Esto no significa que los mercados líquidos no sean volátiles en ciertos momentos, especialmente durante eventos importantes como la publicación de datos económicos o decisiones de bancos centrales. Sin embargo, en condiciones normales, los mercados líquidos ofrecen una acción del precio más estable, lo que permite que los traders se enfoquen en aprovechar movimientos más predecibles. Esta estabilidad también facilita la gestión del riesgo, ya que es menos probable que te enfrentes a movimientos repentinos y extremos que pongan en peligro tu cuenta.

Una de las desventajas, o al menos desafíos, de operar en mercados de alta liquidez es que las oportunidades de obtener grandes ganancias en cortos períodos de tiempo pueden ser más limitadas en comparación con mercados menos líquidos y más volátiles. Sin embargo, la acción del precio sigue siendo una herramienta poderosa en estos mercados. La clave está en ser paciente y aprovechar los movimientos más pequeños pero más seguros que tienden a darse. En lugar de buscar grandes "explosiones" de precio, puedes concentrarte en identificar tendencias a corto plazo, consolidaciones y rompimientos que ocurren de manera más consistente.

Otro aspecto importante de la acción del precio en mercados de alta liquidez es la rapidez con la que puedes entrar y salir de operaciones. Dado que siempre hay una gran cantidad de compradores y vendedores, las órdenes se ejecutan con mayor precisión y rapidez. Esto es especialmente útil para los traders intradía o aquellos que buscan aprovechar movimientos rápidos. Si el mercado está moviéndose en tu dirección, puedes entrar y salir de una operación sin preocuparte por la falta de contrapartes. En mercados de baja liquidez, a veces es difícil encontrar un comprador o vendedor al precio que deseas, lo que puede llevar a que tengas que aceptar un precio menos favorable. En mercados líquidos, este problema casi no existe, lo que te permite tomar decisiones basadas en la acción del precio de manera más ágil.

La gestión del riesgo es otro aspecto que se ve facilitado en mercados de alta liquidez. Como mencionamos antes, los niveles de soporte y resistencia suelen ser más sólidos, lo que permite colocar órdenes de stop-loss más precisas. Si el mercado está respetando un nivel de soporte importante, puedes colocar tu stop-loss justo debajo de ese nivel, con la confianza de que es menos probable que el mercado atraviese ese punto debido a la gran cantidad de órdenes que hay en esa zona. Del mismo modo, al operar en mercados líquidos, es más fácil ajustar tu tamaño de posición de acuerdo a tu plan de gestión del riesgo, ya que siempre hay suficiente volumen para que puedas comprar o vender la cantidad exacta de activos que deseas sin alterar el precio significativamente.

A pesar de las ventajas de la alta liquidez, también es importante tener en cuenta que estos mercados suelen atraer a traders más experimentados, incluidos grandes fondos de inversión y traders institucionales. Esto significa que estarás compitiendo con participantes que tienen acceso a tecnologías avanzadas, análisis en tiempo real y grandes cantidades de capital. Sin embargo, esto no debe desanimarte. La acción del precio sigue siendo una de las herramientas más democráticas en el mundo del trading, ya que se basa en patrones y movimientos que cualquier trader puede aprender a identificar, independientemente del tamaño de su cuenta o los recursos que tenga a su disposición. La clave está en ser disciplinado, seguir tu plan de trading y aprender a leer la acción del precio con precisión.

Un aspecto interesante de los mercados líquidos es que, aunque son más estables, también pueden reaccionar de manera dramática ante eventos macroeconómicos o noticias importantes. Cuando esto ocurre, el comportamiento del mercado puede cambiar rápidamente, y es en estos momentos cuando la acción del precio se convierte en una herramienta invaluable. Los grandes movimientos de precio en respuesta a noticias pueden ofrecer excelentes oportunidades para entrar y salir del mercado si sabes cómo leer la acción del precio. Por ejemplo, un anuncio inesperado de la Reserva Federal puede causar que el dólar se mueva bruscamente, y al observar cómo reaccionan las velas en el gráfico, puedes identificar oportunidades para aprovechar ese movimiento.

En resumen, operar en mercados de alta liquidez utilizando la acción del precio tiene varias ventajas, como la mayor precisión en la interpretación de los gráficos, la confiabilidad de los niveles clave y la facilidad para entrar y salir de operaciones rápidamente. Aunque puede que no veas grandes movimientos de precio todo el tiempo, los mercados líquidos ofrecen una mayor estabilidad, lo que te permite gestionar el riesgo de manera más efectiva y aprovechar oportunidades más predecibles. Como trader, es fundamental aprender a leer la acción del precio en estos mercados y desarrollar una estrategia que se adapte a sus características únicas. Con la práctica adecuada y una buena gestión del riesgo, puedes tener éxito operando en mercados de alta liquidez utilizando la acción del precio como tu principal herramienta de análisis.

Creación de tu Plan de Trading Basado en Acción del Precio

Crear un plan de trading basado en la acción del precio es uno de los pasos más importantes que puedes tomar como trader. Este plan será tu hoja de ruta, la guía que te ayudará a mantener la disciplina y a tomar decisiones coherentes en lugar de reaccionar emocionalmente ante los movimientos del mercado. Aunque parezca una tarea abrumadora, no tiene por qué serlo. Lo que necesitas es un enfoque claro y sencillo que te permita comprender cómo la acción del precio puede guiar tus operaciones diarias.

El primer paso para crear tu plan de trading es establecer tus objetivos. Pregúntate a ti mismo: ¿Qué es lo que quiero lograr con mi trading? Puede ser tan sencillo como generar ingresos adicionales o tan ambicioso como vivir exclusivamente del trading. No importa cuál sea tu meta, lo importante es que sea clara, realista y medible. Tener un objetivo bien definido te dará una motivación clara y te ayudará a evaluar tu progreso con el tiempo. Además, te ayudará a mantenerte enfocado, incluso en los momentos en que el mercado no se mueva como esperas.

Una vez que hayas definido tus objetivos, es hora de desarrollar una estrategia basada en la acción del precio. Aquí es donde empiezas a diseñar las reglas que seguirás al observar los gráficos y tomar decisiones de compra o venta. Lo primero que debes decidir es qué marcos temporales vas a utilizar. La acción del precio puede aplicarse en cualquier intervalo de tiempo, desde gráficos de un minuto hasta gráficos diarios o semanales. Sin embargo, la elección de tu marco temporal dependerá de tu estilo de trading. Si eres un trader intradía, probablemente te concentrarás en gráficos de 5 a 15 minutos. Si prefieres un enfoque más relajado, es posible que uses gráficos diarios o incluso semanales. Sea cual sea tu elección, asegúrate de que tu marco temporal esté alineado con tu estilo de vida y tus objetivos de trading.

Otro aspecto fundamental en tu plan de trading basado en la acción del precio es la identificación de los patrones que guiarán tus decisiones. ¿Qué patrones estás buscando? Pueden ser patrones de reversión como el martillo o la estrella fugaz, o patrones de continuación como banderas o triángulos. Es importante que definas con precisión qué señales vas a utilizar y cómo vas a interpretarlas. No tiene sentido estar buscando todos los patrones posibles en un gráfico, ya que esto solo te generará confusión y te llevará a dudar. En cambio, elige un par de patrones que comprendas bien y concéntrate en aprender a reconocerlos de manera efectiva. Recuerda que menos es más cuando se trata de trading.

Parte de tu estrategia también debe incluir la identificación de zonas clave. Estas son áreas en el gráfico donde el precio ha mostrado previamente una reacción significativa, como niveles de soporte o resistencia. Identificar correctamente estas zonas te dará una ventaja considerable, ya que son puntos en los que el mercado tiende a tomar decisiones importantes. En tu plan de trading, debes detallar cómo vas a identificar estos niveles y cómo vas a actuar cuando el precio llegue a ellos. Por ejemplo, puedes decidir que si el precio toca un nivel de soporte, buscarás una señal de reversión antes de entrar en una operación. O, si el precio rompe una zona de resistencia, buscarás una confirmación para entrar en una operación de compra. Definir estas reglas te ayudará a eliminar la incertidumbre cuando te enfrentes a estas situaciones en tiempo real.

Un componente esencial de cualquier plan de trading es la gestión del riesgo. No importa cuán preciso seas al leer la acción del precio, siempre habrá momentos en los que el mercado no se mueva a tu favor. Por eso es vital que definas de antemano cuánto estás dispuesto a arriesgar en cada operación. Una regla comúnmente aceptada es no arriesgar más del 1% o 2% de tu capital total en una sola operación. Esto te asegura que una serie de operaciones perdedoras no destruya tu cuenta. En tu plan, deberías detallar no solo cuánto vas a arriesgar, sino también cómo vas a colocar tus stops. Los stops son un aspecto crucial de la gestión del riesgo, ya que te protegen de pérdidas mayores. Idealmente, deberías colocar tus stops en lugares lógicos del gráfico, como debajo de un nivel de soporte o por encima de un nivel de resistencia, dependiendo de si estás comprando o vendiendo.

El siguiente paso en la creación de tu plan de trading basado en la acción del precio es definir cómo vas a gestionar tus operaciones una vez que estén en marcha. Esto incluye aspectos como cuándo tomar ganancias y cómo ajustar tus stops a medida que el precio se mueve a tu favor. Muchos traders cometen el error de no tener un plan claro para salir de sus operaciones, lo que a menudo resulta en que cierren sus posiciones demasiado pronto o demasiado tarde. Es recomendable tener un objetivo de beneficios predefinido, pero también ser flexible en función de cómo se desarrolle el mercado. Por ejemplo, si el precio sigue moviéndose a tu favor, podrías ajustar tu stop para asegurar tus ganancias en lugar de salir de la operación de inmediato. Del mismo modo, si ves que la acción del precio está mostrando señales de que el mercado se está dando la vuelta, puedes cerrar tu posición antes de alcanzar tu objetivo inicial para proteger tus ganancias.

La psicología es otro factor que debes tener en cuenta al crear tu plan de trading. El trading puede ser emocionalmente agotador, especialmente cuando el mercado no se mueve como esperas. En tu plan, deberías incluir una sección que te ayude a mantener la disciplina y evitar decisiones impulsivas. Esto puede incluir reglas como no operar si has tenido varias pérdidas consecutivas o tomarte un descanso si te sientes abrumado. La clave es ser consciente de tus emociones y tener un plan para manejarlas. De esta manera, podrás mantener la calma y seguir tu estrategia, incluso en momentos de alta presión.

Finalmente, no olvides incluir una sección en tu plan dedicada a la revisión y mejora continua. El trading es un proceso de aprendizaje constante, y lo que funciona hoy puede no funcionar mañana. Por eso es fundamental que reserves tiempo para revisar tus operaciones de manera regular. Esto te permitirá identificar patrones en tu comportamiento, mejorar tus puntos débiles y ajustar tu estrategia según sea necesario. La acción del precio es una herramienta dinámica, y tu plan de trading debe ser lo suficientemente flexible como para adaptarse a las condiciones cambiantes del mercado.

En resumen, crear un plan de trading basado en la acción del precio implica establecer objetivos claros, definir una estrategia basada en patrones y zonas clave, gestionar el riesgo de manera efectiva, y mantener una mentalidad disciplinada. Al tener un plan sólido, estarás mejor preparado para navegar los altibajos del mercado y tomar decisiones informadas. Con el tiempo y la experiencia, este plan se convertirá en tu mejor aliado, ayudándote a operar con confianza y consistencia en cualquier situación que enfrentes en el mercado.